LEGO'S RECIPE
レゴ®レシピ
いろんな動物

ウォーレン・エルスモア

LEGO'S RECIPE
レゴ®レシピ
いろんな動物

ウォーレン・エルスモア

玄光社

BRICK ANIMALS

A Quintet Book

Copyright © 2016 Quintet Publishing Limited.
Japanese translation text © GENKOSHA Co., Ltd.

First edition for the United States and Canada published in 2016 by Barron's Educational Series, Inc,
250 Wireless Boulevard
Hauppauge, NY 11788
www.barronseduc.com

First Japanese edition published in Japan in 2017 by GENKOSHA Co., Ltd.,
4-⁻-15 Iidabashi, Chiyoda-ku
Tokyo 102-8716, Japan
Phone: +81 3 3263 3515
Fax: +81 3 3263 3045
www.genkosha.co.jp
through the rights arrangement by Japan Uni Agency, Inc.,
Tokyo, Japan

All rights reserved. No part of this publication may be reproduced or distributed in any form or by any means without the written permission of the copyright holder.

This book was conceived, designed, and produced by
Quintet Publishing Limited
Ovest House
58 West Street
Brighton, East Sussex
BN3 1DD
United Kingdom

Photographer: Neal Grundy
Designer: Gareth Butterworth
Art Director: Michael Charles
Project Editor: Caroline Elliker
Editorial Director: Emma Bastow
Publisher: Mark Searle

Cover design: Atsushi Takeda (Souvenir Design)
Translation: Mitsuko Ishii (Designcraft)
Japanese typesetting: Souvenir Design
Japanese copy-editing: Aki Ueda (Pont Cerise)
Production: Aki Ueda (Pont Cerise)

Printed in China by C & C Offset Printing Co Ltd.

LEGO®, the LEGO logo, the Brick and Knob configurations, and the Minifigure are trademarks of the LEGO Group, which does not sponsor, authorize, or endorse this book.

レゴでつくる動物の世界へようこそ！

この本を書くにあたって、私たちは「レゴ® クラシック」シリーズからインスピレーションを得ることにしました。このセットはまさに、多くの人が手に入れやすいものです。もちろん、すべてが2×4ブロック、2×2プレート、1×3スロープといった標準型だけのセットになっているわけではありませんが、それでも誰もがレゴのブロックだと認識できるセット内容になっています。

この本で紹介している動物や昆虫をつくる際、重要になってくるのが色です。「クラシック」セットのブロックが、必ずしも求めている色でない場合もあります。そのような場合は、複数の「クラシック」セットを用意しておくと便利です。もちろん、お手持ちのブロックに合わせて自由に動物や昆虫の色を変えてもかまいません。

最後に、この本に掲載されている動物や昆虫をつくる際、手順に書かれているパーツが手元になかったとしても、心配は無用です。私たち自身、ひとつのスロープの上にどのスロープを重ねるべきか——そういったことを長い時間かけて決めていきましたが、結局はそれも個人の好みです。別のパーツを使った方が見栄えが良いと思えるのなら、それはそれですばらしいことです！ レゴに良いも悪いもありません。つくりあげていくプロセスが楽しければ、それでよいのです。

ウォーレン・エルスモア

contents
もくじ

チョウ　　　　　6	コウノトリ　　　50
オウム　　　　　8	ロブスター　　　52
アライグマ　　　10	カエル　　　　　54
ライオン　　　　13	シチメンチョウ　56
ウサギ　　　　　16	サメ　　　　　　58
アヒル　　　　　18	ウマ　　　　　　60
カブトムシ　　　20	キリン　　　　　63
ホッキョクグマ　22	ラクダ　　　　　66
キツネ　　　　　24	ハクチョウ　　　68
ゾウ　　　　　　27	カニ　　　　　　70
パンダ　　　　　30	ビーバー　　　　72
アザラシ　　　　32	アンテロープ　　75
ハチ　　　　　　34	イボイノシシ　　78
ピラニア　　　　36	ネズミ　　　　　80
ヤギ　　　　　　38	クモ　　　　　　82
ヘビ　　　　　　40	アリ　　　　　　84
ネコ　　　　　　42	ゴリラ　　　　　86
ブタ　　　　　　44	サイ　　　　　　88
ヒツジ　　　　　46	フラミンゴ　　　90
ウシ　　　　　　48	蚊(か)　　　　　92

チョウ

カラフルなチョウをレゴ®でつくるのはとても楽しい作業です。ここでは、カーブ型とアーチ型のパーツを組み合わせて、丸みのある翅をつくりました。下側は、アーチを2つ使って翅らしい形を再現、上側と側面には1/4円のプレートを使って角に丸みをつけました。翅をつなぐ部分には1×2のプレート（取っ手）使っています。

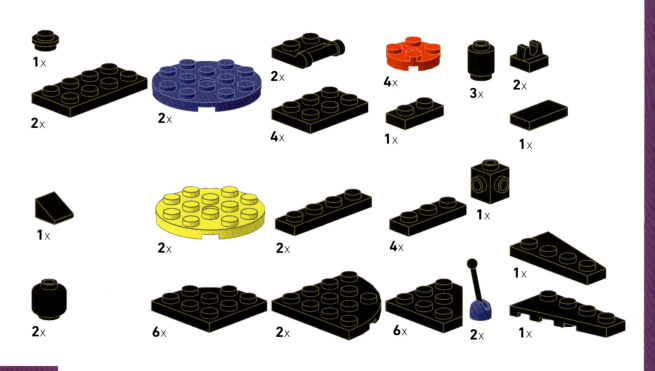

チョウ

オウム

オウムは何百年、あるいは何千年もの間ペットとして親しまれてきた鳥です。色鮮やかなオウムの多くは熱帯や亜熱帯地域に生息し、湾曲したくちばしと強靭な脚、そして足にはかぎ爪があります。レゴ®のカラフルなパーツはこのオウムの色を再現するのにぴったりです。今回は青色と黄色のパーツを使っていますが、白色と黒色以外のパーツの色を変えるだけでたくさんの種類のオウムをつくることができます。

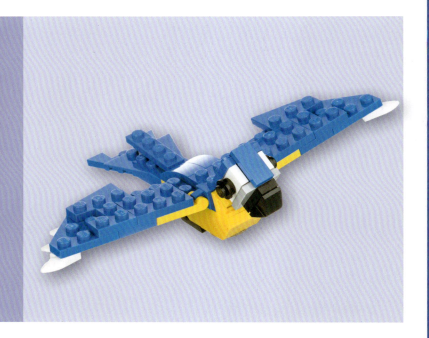

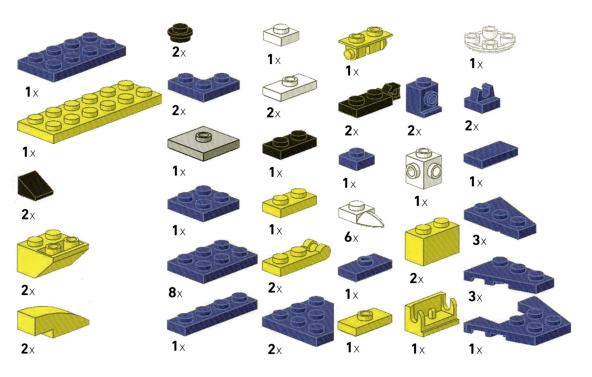

オウム

1

2

3

4

5

6

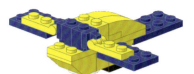

7

8

9

10

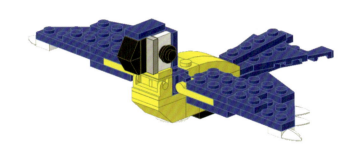

アライグマ

アライグマの一番の特徴は、目のまわりの縁どりと、リング状の白黒模様のふさふさしたしっぽです。実際、アライグマは「リングテール（リングのしっぽ）」と呼ばれることもよくあります。夜行性で、細くて器用な前脚を持つアライグマは、北米で最もよく見られ、賢くて好奇心旺盛な動物です。この模型では、1×1のプレート（丸）と1×1のブロックでシマシマのしっぽと脚を表現しています。

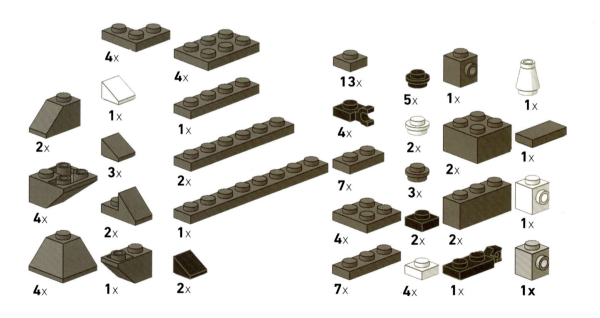

アライグマ

1

2

3

4

5

6

7

8

9

アライグマ

10

11

12

13

14

15
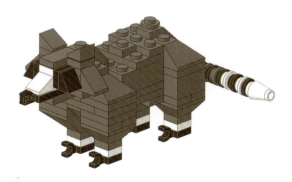

ライオン

ライオンは、ネコ科ではトラに次いで2番目に大きな動物です。よく「ジャングルの王様」と呼ばれますが、実際にはアフリカのサバンナに生息しています。肉食でおもに夜に活動し、「プライド」と呼ばれる小さな群れ単位で暮らしています。レゴ®の茶色と黄色は、ライオンの毛皮とたてがみに最適です。この模型の大きなたてがみには、45度のスロープと逆スロープをさまざまに組み合わせて使っています。

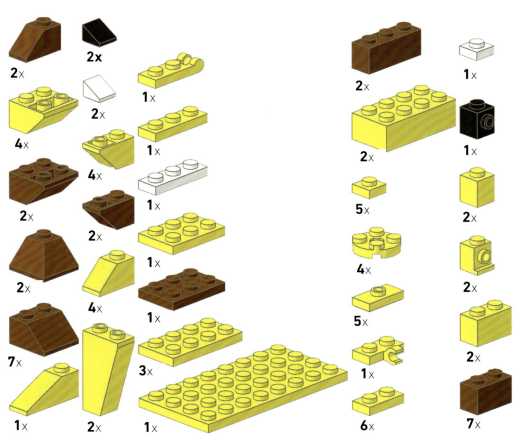

ライオン

1

2

3

4

5

6

7

8

9

ライオン

10

11
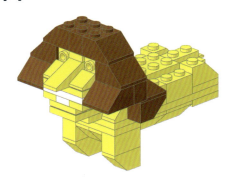

12
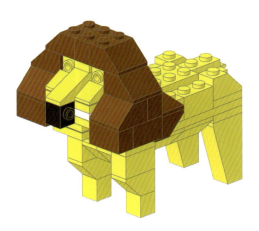

13
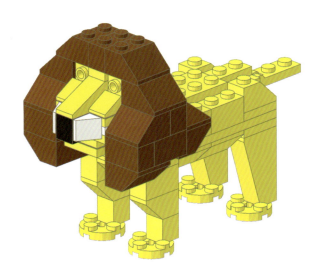

15

ウサギ

ウサギの種類は世界中でわずか28種類ほどですが、その生息範囲は砂漠や熱帯林から湿地帯、温暖地域まで、驚くほど広範囲にわたっています。ウサギの長い耳は、天敵の物音を聞き逃さないようにするためのものです。また、力強い後ろ脚、短いしっぽ、巣穴を掘るための長い爪もウサギの特徴です。ここでは灰色のパーツを使っていますが、ところどころに別の色のパーツを使ってもいいでしょう。

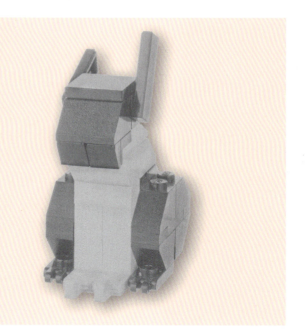

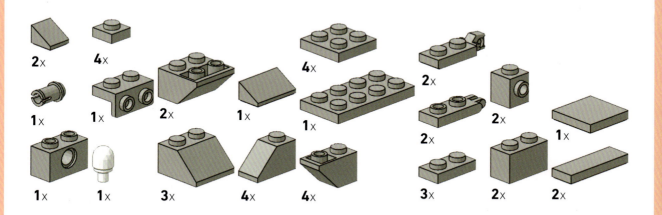

ウサギ

1

2

3

4

5

6

7

8

9

17

アヒル

アヒルはヨチヨチ歩きをしますが、これは体の後ろの方に脚があるからです。アヒルは、雄と雌とでは鳴き声も羽も違っていて、雄はカラフルで美しい羽毛に覆われています。ここでは、脚とくちばしが黄色の大きな白いアヒルをつくりました。このアヒルは、ペキンアヒルとして知られています。

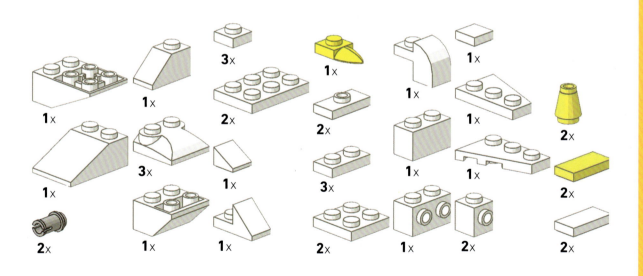

アヒル

1

2

3

4

5

6

7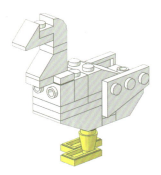

8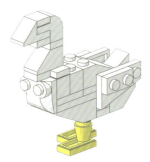

9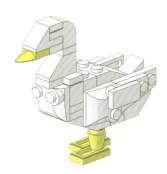

カブトムシ

カブトムシの種類はとても多く、世界中で36万もの種類が発見されています。2対の翅を持ち、外側の翅は内側の翅を守るために硬くなっています。カブトムシの色は実にさまざまで、中には驚くほど斬新な模様をしたものもあります。ここでは緑色のパーツを使っていますが、茶色や黒色に変えればなじみのあるカブトムシになります。3組の脚には、1×4セットのヒンジプレートを6個使っています。

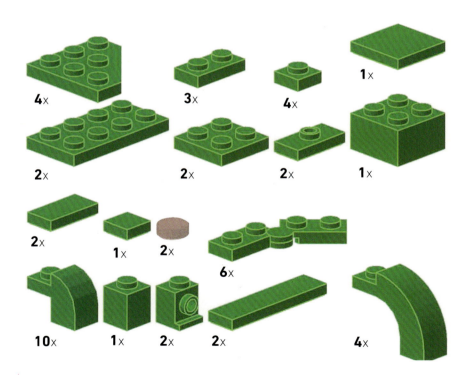

カブトムシ

1
2
3
4
5
6
7
8
9
10
11

21

ホッキョクグマ

ホッキョクグマは抱きしめたいほどかわいく見えることもありますが、実際はとても危険な肉食動物です。生息地は北極で、毛皮は1本1本の毛の中が空洞になっていて、それが光を反射して真っ白に見えるという構造をしています。皮膚は黒く、その下にはとても分厚い脂肪の層があり、凍てつく環境でも体を温かく保つのに役立っています。この模型では、2×2の72度スロープを使って、肩とお尻の形を再現しました。

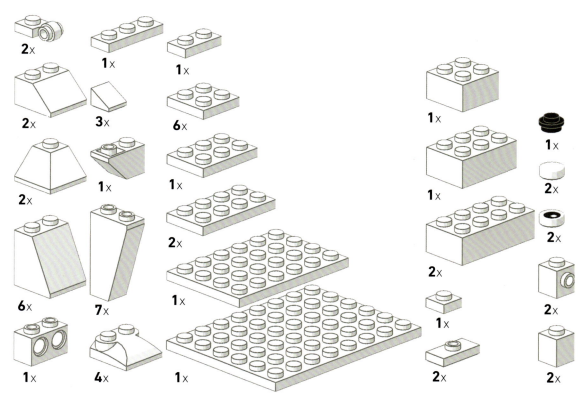

ホッキョクグマ

1

2

3

4

5

6

7

8

9

10
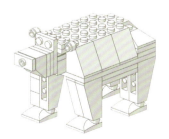

11
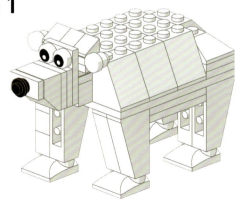

キツネ

キツネはイヌ科の動物で、先の尖った耳や幅の狭い鼻、ふさふさとしたしっぽが特徴です。アカギツネは、人間を除いて最も広く世界各地に分布している動物です。従来は田園地帯でしか見かけられませんでしたが、今では都市部でもゴミや残飯を漁って生活しているのを見かけるようになりました。成長したキツネは体長1メートルほどになりますが、なんとその半分近くがしっぽです。

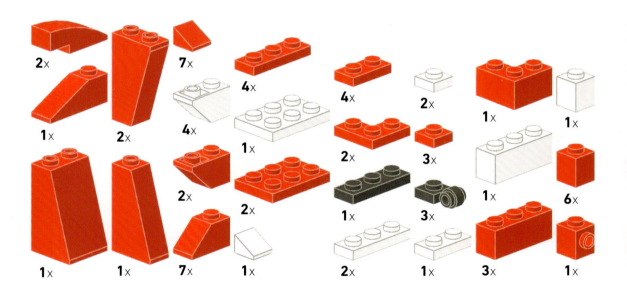

キツネ

1

2

3

4

5

6

7

8

9

25

キツネ

10

11

12

13

14

15

ゾウ

ゾウは陸上に住む最も大きな哺乳類です。ゾウはリーダーの雌を中心に群れで暮らしていて、寿命は60歳くらい。1日の大半、実に最大18時間を食べることに費やしていて、睡眠は短い時間で一気に取ります。レゴ®の濃い灰色はゾウにぴったりの色です。この色には、ゾウを組み立てるのに便利なブロックがたくさん揃っています。

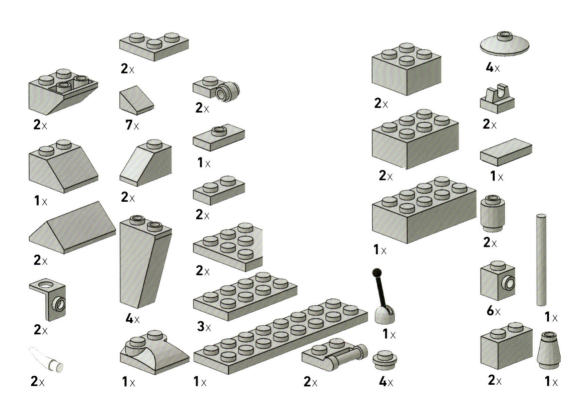

ゾウ

1

2

3

4

5

6

7

8

9

ゾウ

10
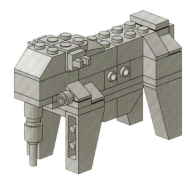

11
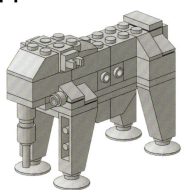

12
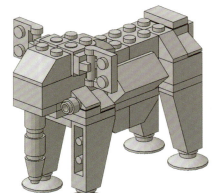

13
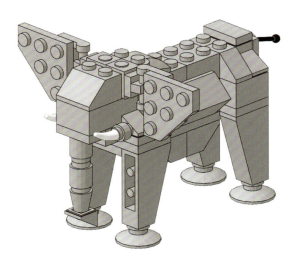

パンダ

パンダは、特徴的な白黒の模様を持つ大きなクマです。雄は体長1.8メートル、体重は100キログラム以上に達します。笹を食べていないときは、転がったり、地面に体をこすりつけたりするのが大好きです。少し不器用そうに見えますが、木登りも得意です。パンダは世界中で愛されていますが、地球上で最も絶滅の危機に瀕している生物のひとつです。

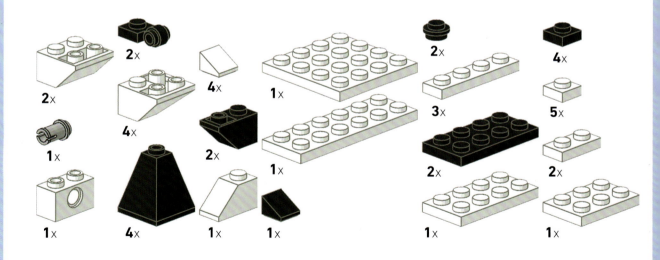

パンダ

1

2

3

4

5

6

7

8
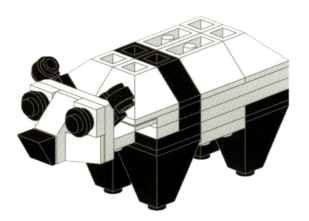

アザラシ

アザラシには種類が約30あり、ほとんどが寒冷海域に住んでいます。水かきのある足とひれ足を持ち、体は後ろの方が細くなっています。この体型は陸上での移動には不向きですが、泳ぐのには適しています。アザラシは肉食の哺乳類で、おもに魚やイカなどの軟体動物、甲殻類を食べて暮らしています。この模型では、後ろのひれに1×2のプレート（端に取っ手）と1×2のプレート（端に水平クリップ）、前ひれには左右対称の2×6×1のウェッジ（カーブスロープ左右ペア）を使っています。

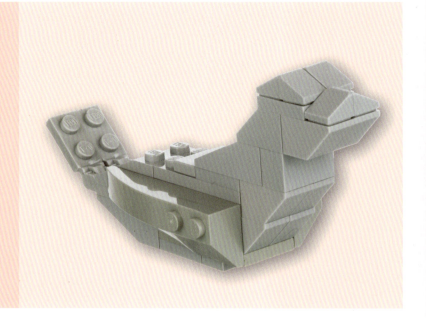

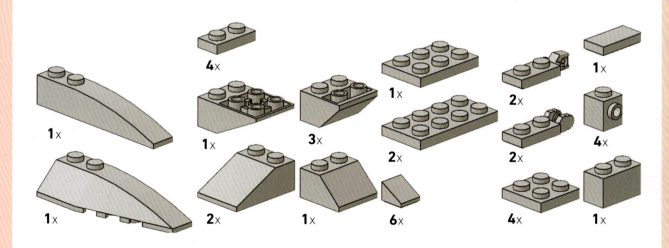

アザラシ

1

2

3

4

5

6

7
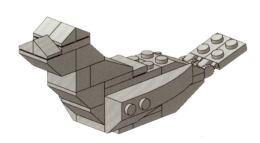

33

ハチ

このハチの翅に使われている黒色の透明ブロックは、透明な翅の表現にぴったりです。尾の針の部分は、2つの1×1ブロック（丸）の内側にライトセーバー・ブレードのパーツを取りつけてつくっていますが、その際、スタッド（ポッチ）の向きを反対にする必要があります。

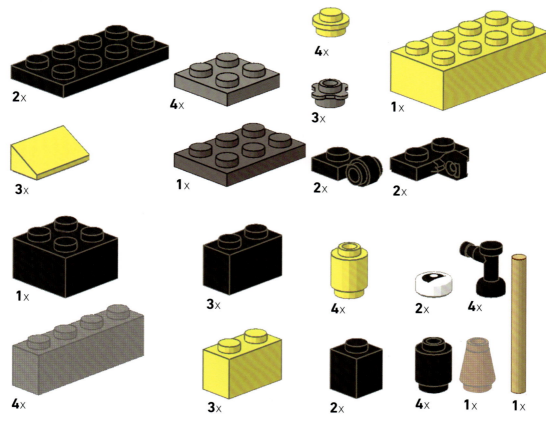

ハチ

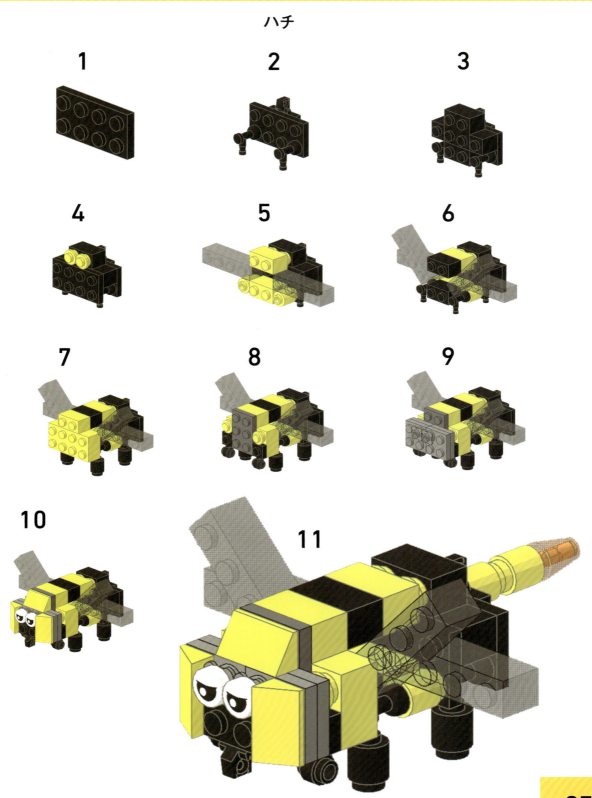

ピラニア

ピラニアは南アメリカの川や湖に生息しています。鋭利で強靭な歯を持っていますが、一般に恐れられているほど凶暴ではありません。ピラニアの頭は大きくずんぐりしていて、三角形の歯はハサミのような働きをします。ここでは、体の上部を濃い灰色、下部をオレンジ色と赤色にして、最も一般的な色のピラニアをつくりました。独特の形をした頭には、2×2の65度スロープを使っています。

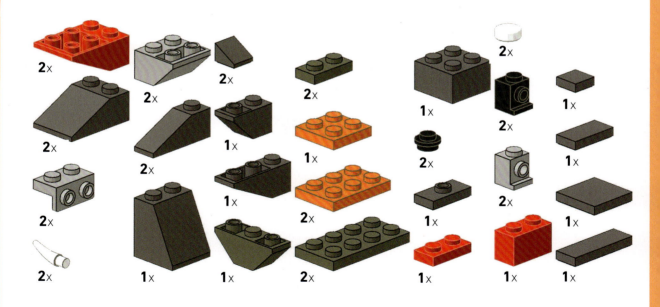

ピラニア

1

2

3

4

5

6

7
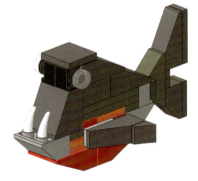

ヤギ

雄のヤギにはひげがあり、特有のひづめでタップダンスのように地面を蹴って歩きます。ヤギはヒツジの近縁種ですが、体格はヒツジよりも小振りで、しっぽも短く、角は後ろ向きに反り返った形になっています。この模型では、1×1のプレート（水平クリップ付）を2つ使って、ヤギの角が正しい方向に向くようにしています。ひげは小さな2×1の45度スロープで再現しました。

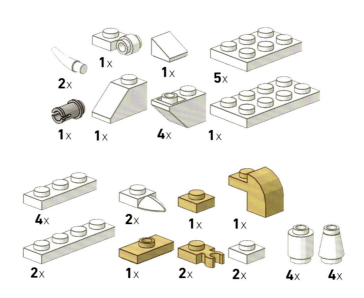

ヤギ

1

2

3

4

5

6

7
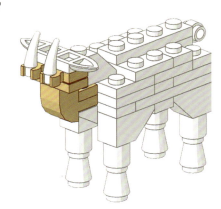

ヘビ

ヘビには3,000もの種類（しゅるい）があります。ニョロニョロとあちこちを這（は）い廻（まわ）るこの爬虫類（はちゅうるい）にはまぶたがないため、いつも睨（にら）みをきかせているように見（み）えます。また、薄（うす）くて長（なが）い舌（した）を口（くち）から出（だ）し入（い）れするときには、シューシューという音（おと）をたてます。ここではヘビの体（からだ）に1×4セットのヒンジプレートを使（つか）って、くねくねした体（からだ）と見（み）せびらかすように鎌首（かまくび）をもたげている姿（すがた）を再現（さいげん）しました。

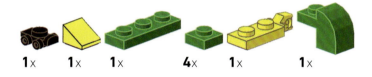

ヘビ

1

2

3

4

5

6
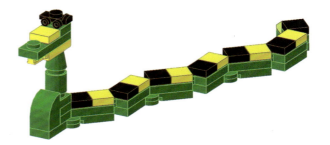

ネコ

ネコは、人気のペットのひとつ。ペット用のネコの種類は70以上に及びます。強くてしなやかな体に、鋭い爪と歯、それらすべてが小さな獲物を捕まえるのに適しています。優れた聴力、暗視能力、そしてよく発達した嗅覚も、彼らが優れたハンターであることの証です。ここでは黒色のブロックを使って黒猫をつくりましたが、白色のブロックを使って白猫を、一部のブロックをほかの色にしてぶち模様の猫をつくってもいいでしょう。

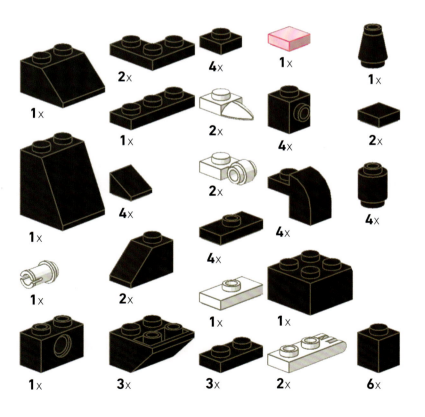

ネコ

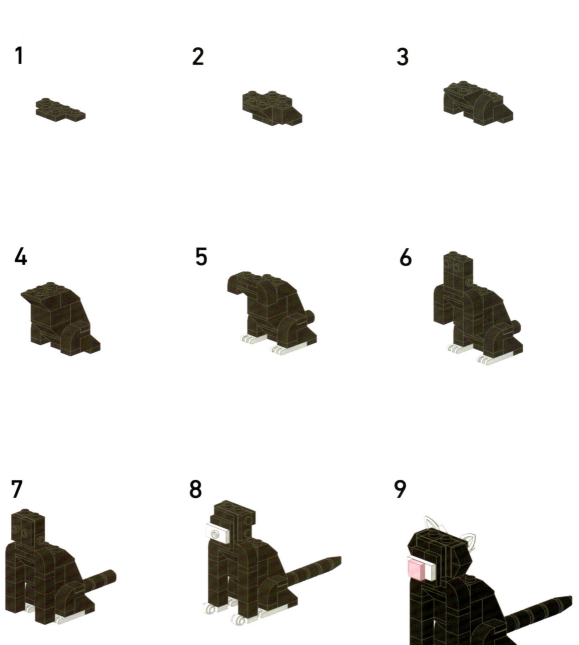

ブタ

ブタの多くは食肉用に家畜として飼育されていますが、野生でも生息しています。普通はピンク色で、カールしたしっぽ、柔らかく垂れた耳、そして食べ物を探し出す長く突き出た鼻を持っています。食べることと同様、泥の上で転げ回るのも大好きです。ここで使っている2×2の45度スロープ（隣合う2方向傾斜）は、いかにもブタらしい長く突き出た鼻の形を再現するのにぴったり。最後に1×1のプレート（丸）をつけて仕上げました。

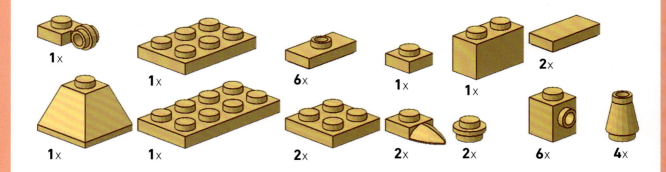

ブタ

1

2

3

4

5

6
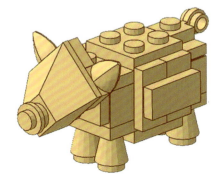

ヒツジ

ヒツジは多くの品種が家畜化されて、羊毛のために飼育されており、毎年その毛が刈られます。ウシと同様、独特の色合いをした品種がたくさんいます。この模型では、ヒツジの脚に薄い灰色のテクニックピン（ハーフ）を使い、毛で覆われた体と区別しました。大きくて平べったい足には、1×1のタイル（円）を用いました。

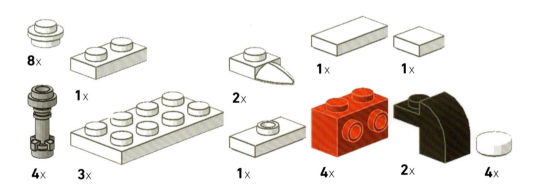

8x
1x
2x
1x
1x
4x
3x
1x
4x
2x
4x

ヒツジ

1

2

3

4
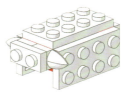

5

6
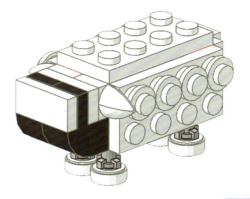

47

ウシ

ウシは世界の大半の国で牛乳や食肉用、あるいは繁殖用に飼育されている家畜です。インドでは生命の象徴として崇められていて、決して殺されることはありません。畜牛にはさまざまな種類がありますが、ここでは白色と黒色のブロックとプレートを使ってつくりました。突き出た鼻には1×2の45度スロープを横向きに取りつけ、鼻の頭にはピンクの1×1タイルをつけました。牛のツノは1×1のプレート（側面に水平ポッチ2個付）で支えています。

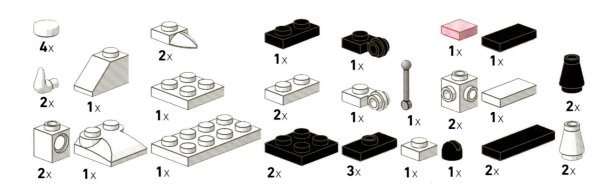

ウシ

1 2 3

4 5 6

7 8 9

10

コウノトリ

コウノトリは、長い足とクビを持った大型の鳥です。くちばしは巨大ですが、喉頭がないので声を出して鳴くことはできません。その代わりに「クラッタリング」という、くちばしを打ちつける音でコミュニケーションをとっています。多くの種類が渡り鳥で、「ソアリング」と呼ばれる、滑空して距離をかせぐ飛び方をします。この模型では、白色の2×2の45度スロープと黒色の1×3の33度スロープを組み合わせて、翼の曲線と羽毛の色の変化を再現しました。

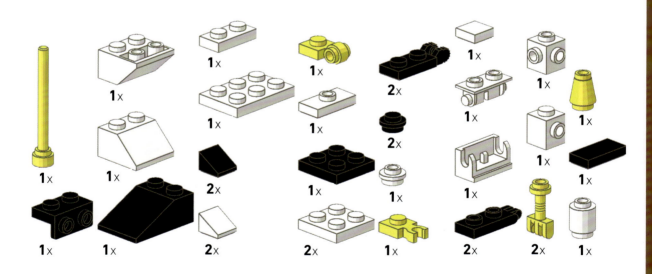

コウノトリ

1

2

3

4

5

6

7
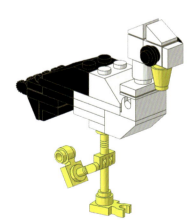

ロブスター

ロブスターは、水底を住み処とする甲殻類です。ほとんどが夜行性で、小さな魚や海藻を漁って食べています。5対の脚と大きなハサミを持ち、雌は約5年で産卵が可能になり、一度に最大3,000個の卵を産みます。この模型では、突き出ている触角に長いアンテナパーツを、爪のない脚には蛇口パーツを使いました。背中の節状になった甲羅部分には、おもに屋根に用いる両側傾斜の1×2の45度スロープがぴったりです。

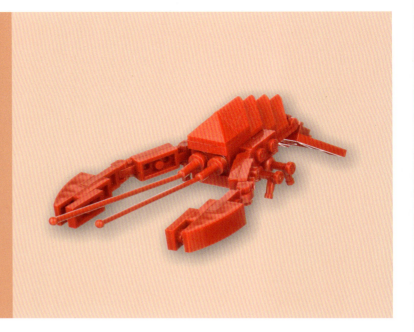

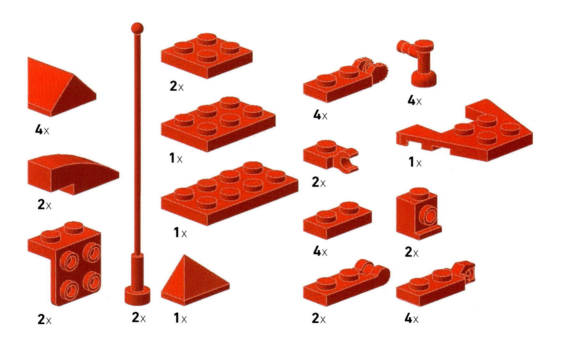

ロブスター

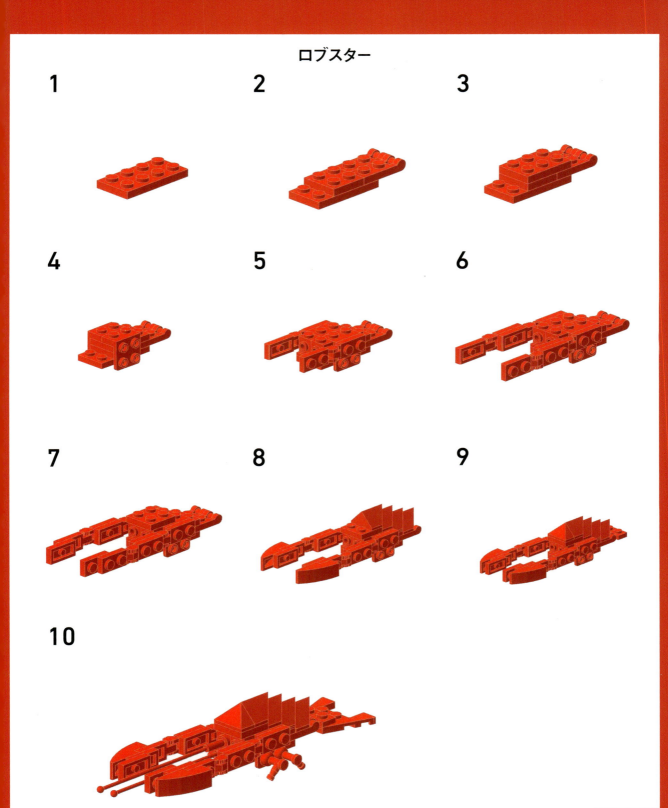

カエル

カエルは陸と水中の両方で生活する両生類。ピョンピョンと跳ね回るための長い後ろ脚を持っています。水の中で生まれ、卵から成長し、オタマジャクシを経て最後にカエルになります。ほとんどのカエルは昆虫やミミズ類を食べます。このカエルは緑色のブロックをベースに、アクセントとして濃い緑色を使いました。後ろ脚は角度の異なるスロープをいくつか組み合わせて再現しています。

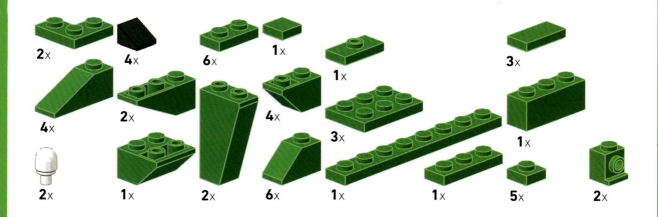

カエル

1

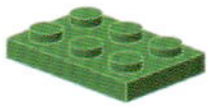

2

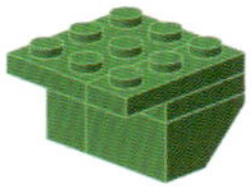

3

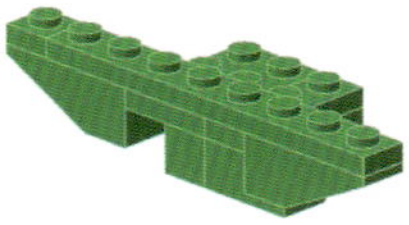

4

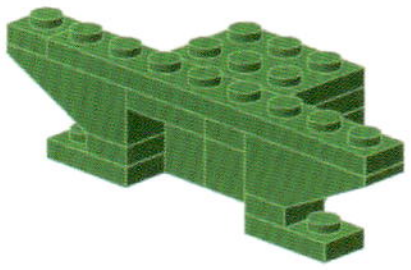

5

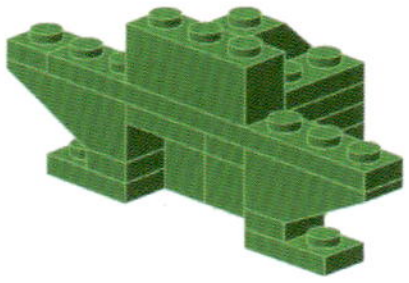

6

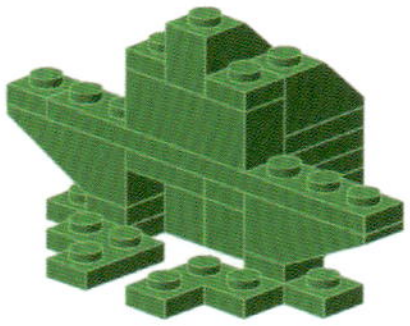

7

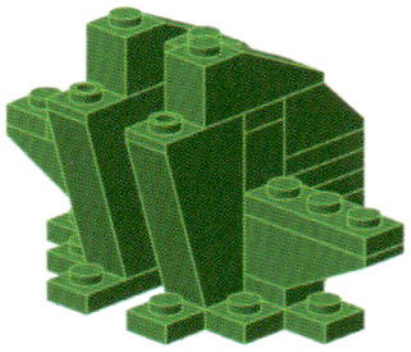

8

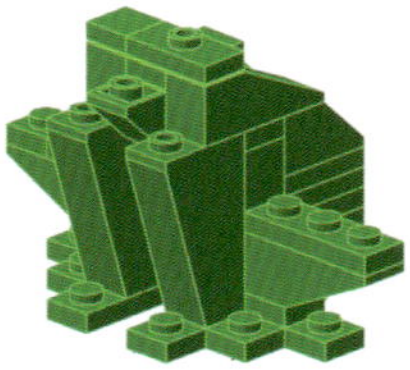

9

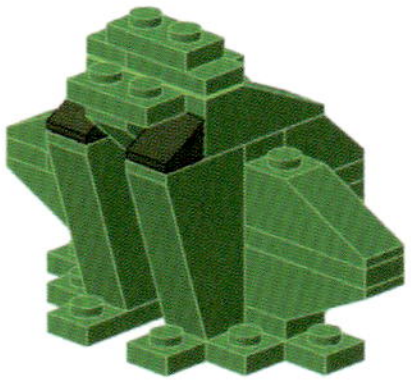

10

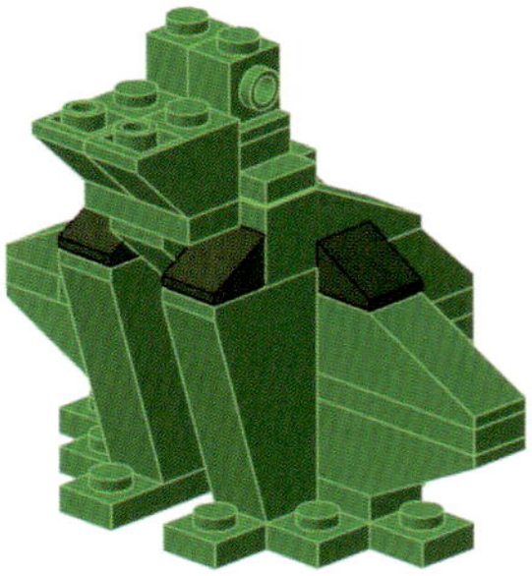

11

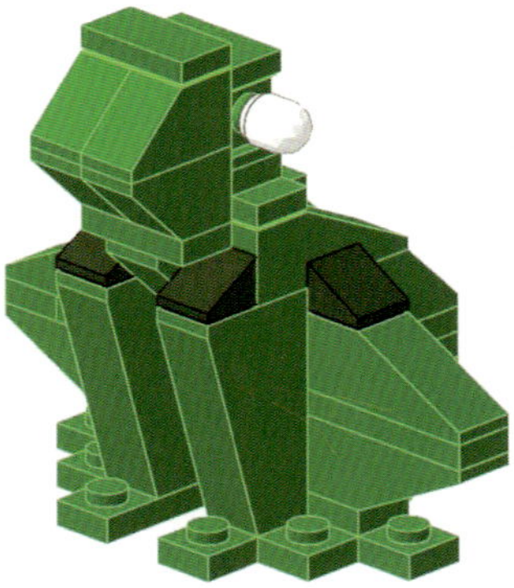

シチメンチョウ

シチメンチョウはアメリカ大陸が原産です。雄は雌よりも重く、独特の分厚い肉垂がくちばしの上から垂れ下がっています。七面鳥料理は、アメリカ合衆国では感謝祭の、イギリスではクリスマスの伝統的な料理です。この模型では、頭と肉垂の配色を典型的な青色と赤色にしました。特徴的なしっぽは、2×2と3×3のレーダー・アンテナを逆向きに重ね、それをお尻部分に取りつけてつくっています。

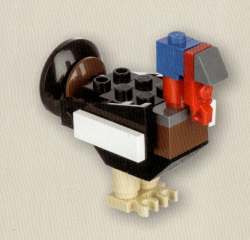

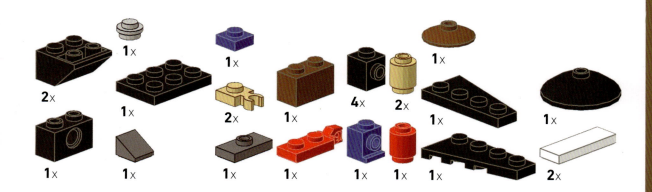

シチメンチョウ

1

2

3

4

5
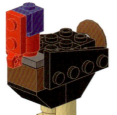

6
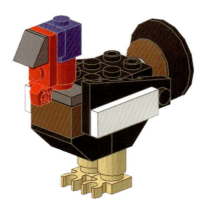

サメ

サメは世界で最も恐れられている動物のひとつですが、ほとんどの種類は無害です。頭の両脇にある特有のエラと波間から立ち上る三角形の背びれが、ひと目見て分かるサメの特徴です。この模型では、サメらしさを象徴するひれに理想的なパーツとして3×3のプレート（角が3つ）を使いました。尾ひれは、2×2×2のコーン1個と異なるスロープをいくつか組み合わせてつくりました。

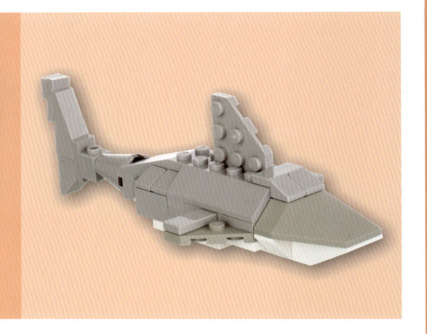

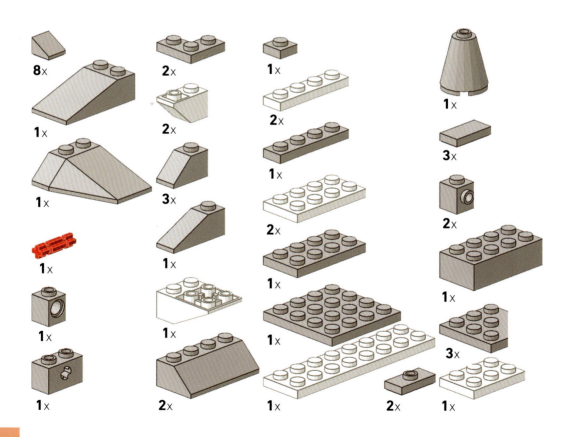

サメ

1

2

3

4

5

6

7

8
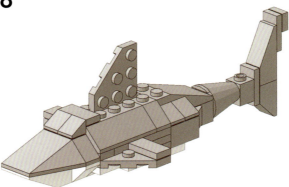

ウマ

ウマは、乗り物が機械化する以前は農耕や運搬にも使われていました。この模型では、肩やお尻、首の角度を的確に再現するために、さまざまな種類のスロープを使いました。耳と足先には1×1のプレート（牙）を使っています。このプレートはほかの動物をつくるときにも使えます。

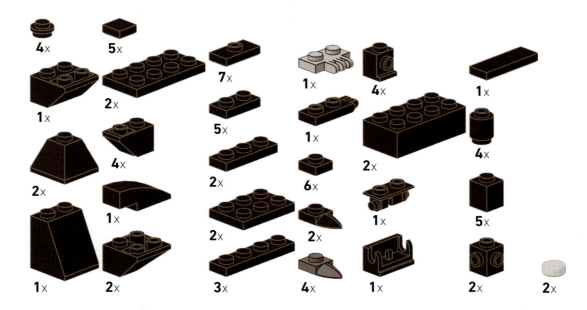

ウマ

1

2

3

4

5

6

ウマ

7

8

9

10

11

12

キリン

キリンは哺乳類で最も背の高い動物で体長は5メートルを超えるものがほとんどです。キリンの長い首は、食べ物に届きやすいように進化したものです。ここでは、キリンの節くれだった膝にレゴ®のミニフィグ・ヘッドを使いました。キリンをつくるとき、黄色と茶色の部品にこだわりすぎる必要はありません。1匹1匹のキリンに個性があるように、模様にも個性があってよいのです。

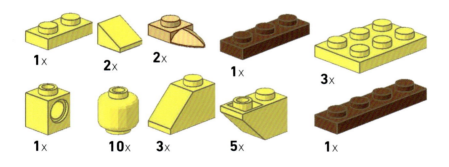

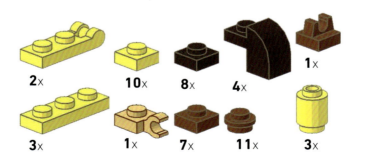

キリン

1

2
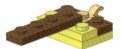

3

4

5

6
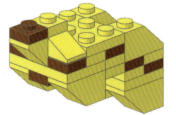

キリン

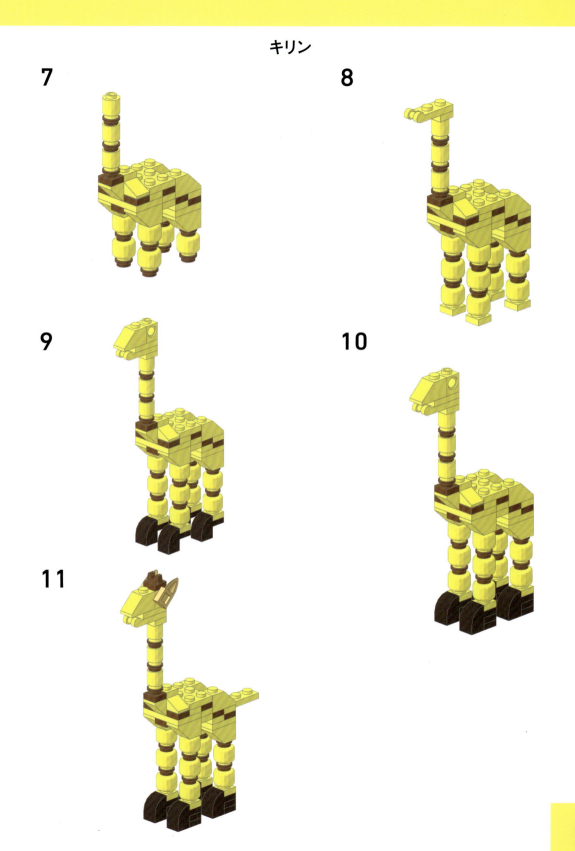

ラクダ

ラクダの最大の特徴はこぶです。こぶの数は、1つのものと2つのものがあります。ラクダのこぶは水で満たされていると思われていることが多いですが、実際は脂肪でできていて、これによってラクダは何も食べずに砂漠を何日間も歩くことができるのです。ここでは、正逆の45度スロープを組み合わせて、ヒトコブラクダの曲線形状を再現しました。

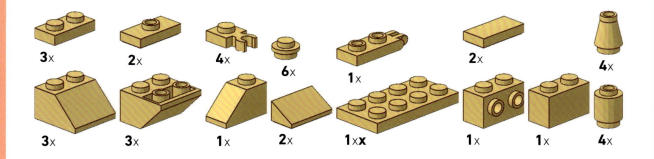

ラクダ

1
2
3

4
5
6

7
8
9

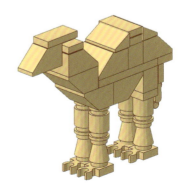

ハクチョウ

水面を滑るように動く優美な泳ぎ手として知られているハクチョウ。水鳥では最大級の種です。雄と雌は一生を共にし、子育ても一緒に行います。ハクチョウのひなは、生後1〜2年は茶色や灰色のまだらな羽毛をしています。この模型では、1×2のプレート（牙）に黒色のタイルと1×2×1.3の曲面ブロック（プレート付）を組み合わせ、頭とくちばしの特徴的な形を再現しました。

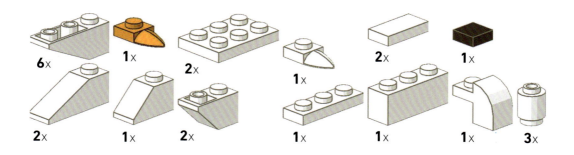

ハクチョウ

1

2

3

4

5

6
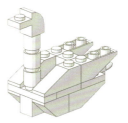

7
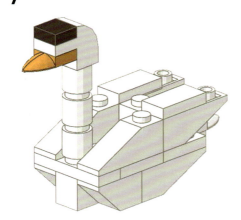

69

カニ

カニは、柔らかい体を硬い殻で守っている甲殻類の仲間です。海岸でよく見られ、ほとんどが雑食で、身の回りにある食糧を漁って暮らしています。前脚はハサミになっていて、摂食、防衛、餌の捕獲に使います。カニは横歩きを好み、ちょこちょこと急ぎ足で海辺や海底を横切るように走ります。ここでは、レバーとレバーベースを使って、カニの目をつくりました。

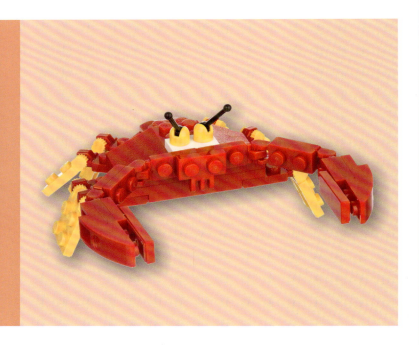

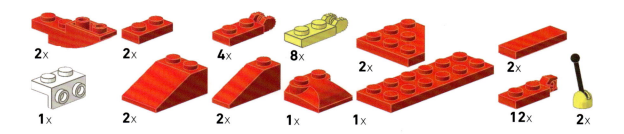

カニ

1

2

3

4

5

6

ビーバー

ビーバーは世界で2番目に大きな齧歯動物で、北米、ヨーロッパ、アジアが原産です。唇を閉じた状態で、その手前にある大きなのみのような歯で木を切り刻んで巣づくりをします。ここでは、1×4のヒンジプレート（端に指2本）を使ってビーバーの足の繊細な爪を再現しました。しっぽと毛皮は、それぞれ違う色のタイルを使って区別しています。

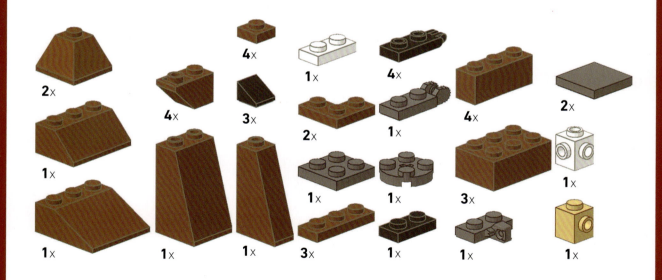

ビーバー

1

2

3

4

5

6

ビーバー

7

8

9

10

11

アンテロープ

アンテロープはウシやヒツジ、ヤギにごく近い草食動物です。雄にはツノがあり、短いまっすぐなものから長いらせん状のものまで種類はさまざまです。ここではツノにバイキングのツノ、耳に1×1のプレート（牙）を使っています。

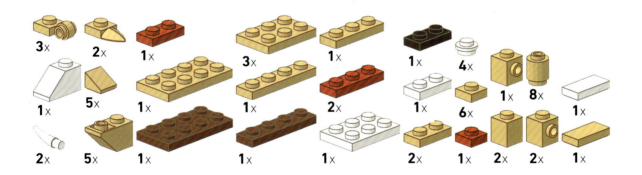

アンテロープ

1

2

3

4

5

6
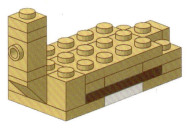

アンテロープ

7
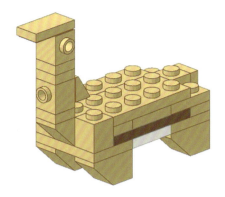

8

9
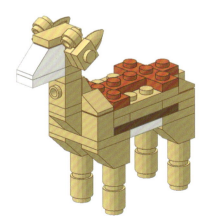

10
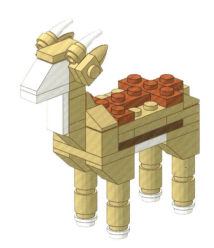

イボイノシシ

イボイノシシはブタの仲間で、アフリカに生息しています。顔には名前の由来でもある2対のこぶ状のいぼがあります。イボイノシシは草食で、上顎と下顎にある牙は防衛用です。また、長くて細いしっぽの先端は房状になっています。ここでは、1×1のヘッドライトブロックと、1×1のタイル（上部にクリップ）、そしてホーンを組み合わせて、突き出た鼻と牙をつくりました。耳とひづめには、1×2のプレート（牙）と1×1のプレート（丸）を使っています。

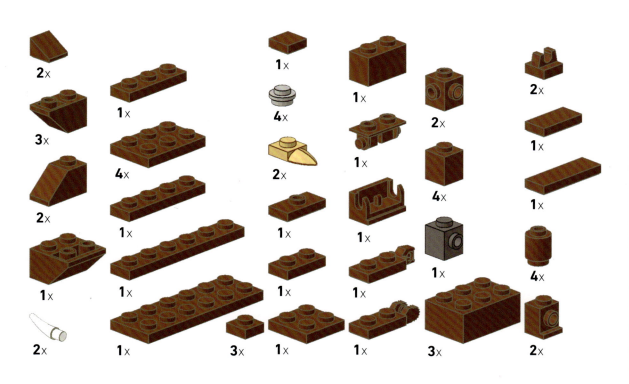

イボイノシシ

1

2

3

4

5

6

7

8

9

ネズミ

ネズミは長くてほとんど毛のないしっぽ、大きな耳と先が細くなった鼻、そして小さくて鋭い爪を持っています。この模型では、先の細い鼻に2×2×3のコーンを使い、先端にピンク色の1×1のタイル（円）をつけました。耳は、3×3のレーダー・アンテナを逆さにした中に2×2のプレート（円）を入れてつくっています。体の形は、1×2の45度スロープをひと揃え使って組み立てました。

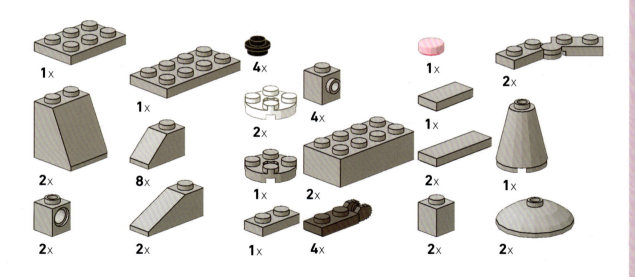

ネズミ

1

2

3

4

5

6

7

8

9

クモ

クモは知られているものだけでも43,000種類以上あり、8本の脚を持ち、体は2つの部位にはっきりと分かれています。クモの中でも捕食行動が活発なものは、触覚と視覚が高度に発達している傾向があります。この模型では、1×4セットのヒンジプレートを使って、4対の関節肢の角度を見事に再現することができました。大きな目は、1×2のプレート（カーブ取っ手付）と1×1のタイル（円）でつくりました。

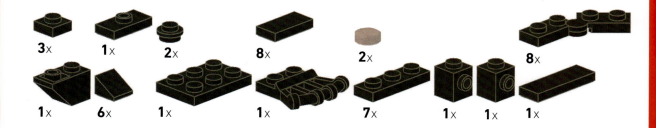

クモ

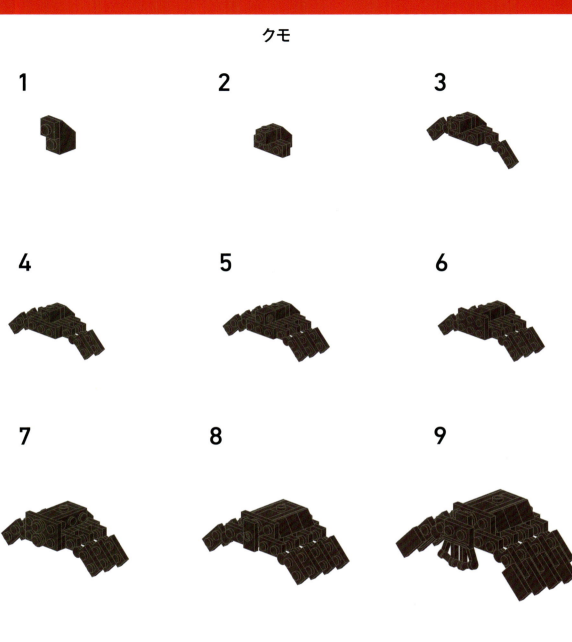

83

アリ

アリは系統化された役割と組織をもったコロニー（群れ）で生活していて、種類は10,000種以上に及びます。卵形の腹部と胸部がくびれた小さな胴でつながっていて、胸部についた3対の脚は、1×4セットのヒンジプレートでつくりました。ここでは、スロープをいくつか組み合わせて、球根型の胸部と腹部を胴につなげています。

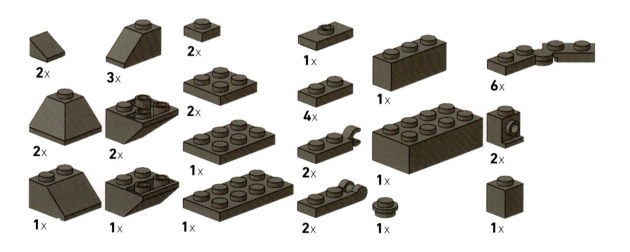

アリ

1
2
3

4
5
6

7
8

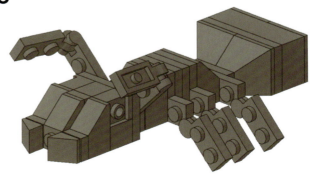

ゴリラ

ゴリラは類人猿の仲間では最も大きい動物です。力がとても強く、毛と皮膚は黒色です。このシルバーバック（背中の毛が白銀色になった成熟した雄）のゴリラの力強い腕は、2×2の72度スロープを上下逆さまにして取りつけたものです。手には、小さな薄い灰色のスロープを使っています。シルバーバックの名前のもとになった銀色の背も、薄い灰色の使いどころです。

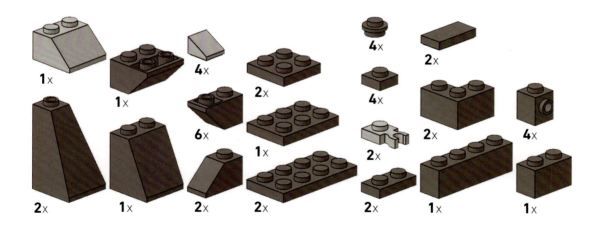

ゴリラ

1

2

3

4

5

6

7

8

9

10

サイ

サイはすべての種が絶滅の危機に瀕していて、現在ではわずかに東および南アフリカとアジアの一部で見られるだけになりました。ここでは、2×3の33度スロープで特徴的な肩とお尻の角度を再現し、3×3のスロープ33度（隣合う2方向傾斜）で肩から腰へと細くなる胴体を再現しました。白色の刃先（曲がり）は、サイのツノに最適な形です。

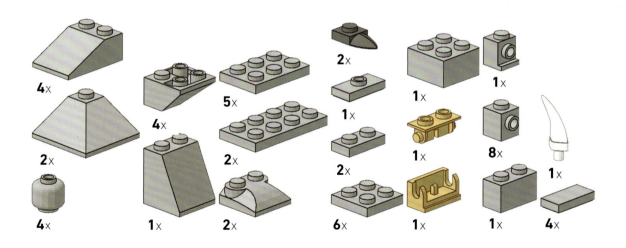

サイ

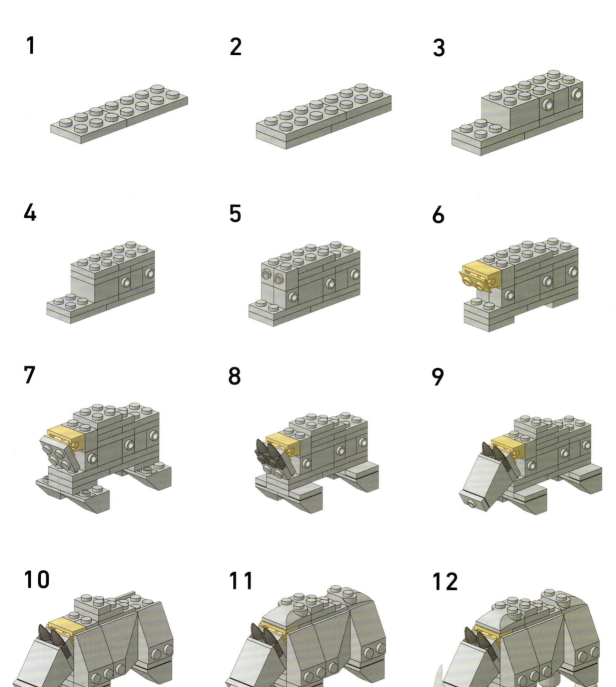

89

フラミンゴ

フラミンゴは明るいピンク色で、長い脚とくちばしを持ち、非常に大きな群れで暮らしています。ここでは、小さな1スタッド（ポッチ）幅のピンク色のプレートをいくつか集めてフラミンゴを組み立てました。頭には1×1のタイル（円）、特徴的な白い首と頭の下の部分にはグラスパーツを用いています。

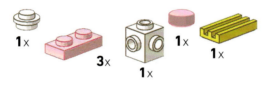

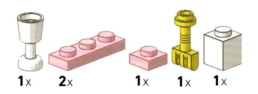

フラミンゴ

1

2

3

4

5
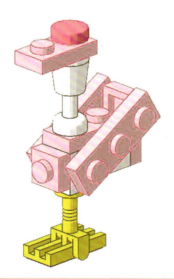

蚊

蚊の口先はとても長く、刺したときに血管まで届くようになっています。この模型では、アンテナ（ロッド長：4）でつくった脚に1×1のコーンで膝をつけました。口先もアンテナ（ロッド長：4）でつくっています。大きな頭は3×3のレーダー・アンテナを逆さにして用い、翅は1×4の透明色のプレートでつくりました。

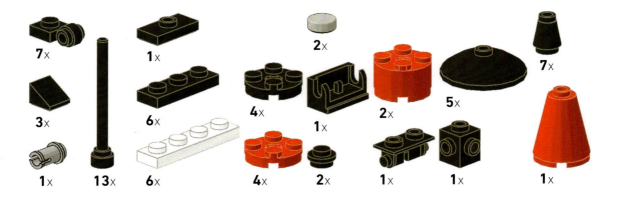

7x		1x			2x					7x
3x	13x	6x	4x	1x		2x	5x			1x
1x		6x	4x	2x		1x	1x			

蚊(か)

1

2

3

4

5

6

蚊

7

8

9

10

11

12

蚊

13

14

15

16

ウォーレン・エルスモア（Warren Elsmore）

テリーサ・"キティ"・エルスモア（Teresa "Kitty" Elsmore）
本書のリサーチ担当兼共著者。幼い頃からのレゴファン。現在も作品を作り続けており、情景に命を吹き込むような細部へのこだわりを見せる。2005年にウォーレン・エルスモアと結婚。以来、多くのプロジェクトを共同で手掛け、レゴから制作料を得るなど、現在はビジネスとしても軌道に乗せている。

ガイ・バグリー（Guy Bagley）
当初は趣味として模型作りを楽しんでいたが、イギリス・ハートフォードシャー大学イギリスで工業用模型制作の単位を取得。以降、職業として取り組むようになった。映画／テレビ業界に短期間身を置いた後、建築模型制作を経て、マテルやハズブロなどの玩具メーカーでデザインを手掛けるようになる。1992年にレゴグループに転籍。レゴランド®ウィンザーの企画・建設を担当。その後、世界中のレゴランド・テーマパーク／レゴランド・ディスカバリー・センターの開設にあたって、リードデザイナー兼モデルショップ・マネージャーを務めた。レゴでの23年間の経験を経て、現在はウォーレン・エルスモアのチームで新たな可能性に挑戦している。

アラステア・ディズリー（Alastair Disley）
プロのレゴ作家であり、建築史学家。ミュージシャンでもある。大学講師を務めていたことも。イギリス、スコティッシュ・ボーダーズ在住。二児の父。

レゴ® レシピ
いろんな動物

2017年2月1日　初版発行
2019年8月1日　再版発行

著者　　　ウォーレン・エルスモア
翻訳　　　石井光子（デザインクラフト）
装丁・組版　SOUVENIR DESIGN INC.
編集　　　植田阿希（Pont Cerise）

発行人　　北原　浩
編集人　　勝山俊光
編集　　　平山勇介
発行所　　株式会社 玄光社
　　　　　〒102-8716　東京都千代田区飯田橋4-1-5
　　　　　TEL:03-6826-8566（編集部）
　　　　　TEL:03-3263-3515（営業部）
　　　　　FAX:03-3263-3045
　　　　　URL:http://www.genkosha.co.jp

©2017 Genkosha Co., Ltd.

JCOPY ＜(社)出版者著作権管理機構 委託出版物＞
本誌の無断複製は著作権法上での例外を除き禁じられています。複製される場合は、そのつど事前に、(社)出版者著作権管理機構（JCOPY）の許諾を得てください。また本誌を代行業者等の第三者に依頼してスキャンやデジタル化することは、たとえ個人や家庭内での利用であっても著作権法上認められておりません。
JCOPY〈TEL:03-3513-6969　FAX:03-3513-6979　E-mail:info@jcopy.or.jp〉